जिंदगी एक एहसास है

CHANDA RANI KI KAVITAYEN
(चंदा रानी की कविताएं)

चंदा रानी

Copyright © Chanda Rani
All Rights Reserved.

This book has been published with all efforts taken to make the material error-free after the consent of the author. However, the author and the publisher do not assume and hereby disclaim any liability to any party for any loss, damage, or disruption caused by errors or omissions, whether such errors or omissions result from negligence, accident, or any other cause.

While every effort has been made to avoid any mistake or omission, this publication is being sold on the condition and understanding that neither the author nor the publishers or printers would be liable in any manner to any person by reason of any mistake or omission in this publication or for any action taken or omitted to be taken or advice rendered or accepted on the basis of this work. For any defect in printing or binding the publishers will be liable only to replace the defective copy by another copy of this work then available.

कविता में

रूचि रखनेवाले

सभी सुधि पाठकों

को

समर्पित

क्रम-सूची

पावती (स्वीकृति) vii

1. जिंदगी एक एहसास है 1

2. मन-की-उड़ान 3

3. मानव जीवन 4

4. नारी शक्ति 6

5. विश्वास 8

6. मेरा गाँव 10

7. बसंत ऋतु आई 12

8. मां 13

9. आजकल के बच्चे 15

10. चुनावी वादे 18

11. छठ पर्व 20

• v •

पावती (स्वीकृति)

आभार

मैं अपने माता -पिता एवं परिवार के सदस्यों के प्रति अनुगृहीत हूँ ,जिन्होंने मुझे यह पुस्तक लिखने के लिए प्रेरित किया ,साथ ही साथ साहित्य -सार पत्रिका का भी आभार व्यक्त करती हूँ जिसने मुझे इस पुस्तक को पूरी करने तक प्रोत्साहित किया

1. जिंदगी एक एहसास है

जिंदगी आश है, जिंदगी एक प्यास है ,
जिंदगी जीने का ही तो एहसास है ।
जिंदगी में कभी आशा है,तो कभी निराशा है,
कभी बचपन जवानी व्यस्क और बुढ़ापा है ।
जिंदगी में कभी खुशी कभी गम है,
पर हमारे चाहने वाले नहीं कम है ।
जिंदगी को समझोगे तो यह खुशनुमा एहसास है,
यदि नहीं समझोगे तो यह कुछ नहीं खास है ।
जिंदगी पतझड़ है सावन है हर मौसम का आंगन है,
कुछ कर गुजरने वालों के लिए यह खुला प्रांगण है ।
जिंदगी जंग,संघर्ष,सफर और मकसद है ,
इसमें हर एक,अपने - अपने हद तक है ।
जिंदगी एक सहेली है,जिंदगी एक पहेली है,
जब समझोगे इसे तुम,लगेगी यह नई नवेली है ।
जो समय कट गया उसे उम्र कहते हैं ,
जिस पल को जी लिए उसे जिंदगी कहते हैं ।
जिंदगी एक खेल है हम उसके खिलौने हैं ,
इसके चाल के सामने हम सभी बहुत बौने हैं ।
जिंदगी एक सफर है हम उसके मुसाफिर है ,
मिलना बिछड़ना लगा रहता है यह जगजाहिर है ।
जिंदगी हार है जिंदगी जीत है ,
जो इसे समझ पाया उसका मनमीत है ।
जिंदगी में हार मिले तो घबराएँ नहीं,

जिंदगी में जीत मिले तो इतरायें नहीं।
जिंदगी एक किराया का घर है ,
एक न एक दिन बदलना पड़ेगा,
मौत जब तुझको आवाज देगी,
घर से बाहर निकलना पड़ेगा ।।

2. मन-की-उड़ान

मन एक उड़ता हुआ परिंदा
एक पल यहां एक पल वहां।
न जाने वे जाती हैं कहां-कहां
अपने साथ ले जा कर दिखाती पुरा दुनिया।
मन एक उड़ता हुआ परिंदा
एक पल यहां एक पल वहां।
अच्छे बुरे कि है ज्ञान बताती
अच्छी राह पर चलना हमें सिखाती।
मन एक उड़ता हुआ परिंदा
एक पल यहां एक पल वहां।
मन में न जाने चलते कितने विचार
मन के ही विचार दिखाते है व्यवहार।
मन एक उड़ता हुआ परिंदा
एक पल यहां एक पल वहां।
एक पल यहां एक पल वहां।
मन ही मन जब किसी को हम सोचते हैं
मन कि आंखों से ही उन्हें देखते हैं।
मन एक उड़ता हुआ परिंदा
एक पल यहां एक पल वहां।
मन करता है ,ये खाएं मन करता है ,वो खाएं
पर हमें ये बताया जाता है ,वो सेहत के लिए ख़राब है,
मन एकउड़ता हुआ परिंदा
एक पल यहां एक पल वहां।

3. मानव जीवन

छोटा बच्चा जब बन कर
वे धरती पर आते हैं
इस दुनिया रंग बिरंगी में
अपना अस्तित्व वह पाते हैं
यहां से शुरू होता है जीवन
रोते हंसते जीए जाते हैं
जैसे तैसे जीवन है कटता
खट्टे मीठे अनुभव पाते हैं
अपने कर्म के आधार पर
अपनी पहचान बनाते हैं
मिलती है जो बाधा जीवन में
उस पर विजय वो पाते हैं
जो पार नहीं कर पाते बाधा
वहीं पर वो रुक जाते हैं
स्थिर हो जाता है जीवन
अपने को पराजित पाते हैं
जीवन चलने का नाम है
इस मंत्र को जो अपनाते हैं
नहीं रुकते हैं किसी परिस्थिति में
अपने को सफल बनाते हैं
जो रुक जाते हैं जीवन में
नयापन से घबराते हैं
समय के साथ ऐसे लोग

सामंजस्य नहीं बना पाते है
परिणाम यह होता है इसका
हर बात में बहाना बनाते हैं
इस तरह के व्यवहार से लोग
उनसे दूरी बनाते हैं
जब पड़ती है जरूरत कोई
सब लोग उन से कतराते है
इस तरह लोगों से वह
जीवन की सीख पाते है
गलत रास्ते पर चलने वाले
हमेशा धोखा खाते हैं
बिना लक्ष्य निर्धारण के
जैसे तैसे जिए जाते हैं
जब अंत समय आता है जीवन का
तब वह बहुत पछताते है हंस कर निकाल देते हैं लोग जिंदगी
कुछ जीवन भर रोते रह जाते हैं
हासिल कुछ नहीं होता रोने से
कुछ तो डरते डरते मर जाते है
कुछ खेलते कूदते निकालते हैं जिंदगी
कुछ अपना नाम कर जाते हैं
जो जीवन में संतुलन बना पाते हैं
वही इस जीवन का आनंद ले पाते हैं।
वही इस जीवन का आनंद ले पाते हैं।।

4. नारी शक्ति

तू ही दुर्गा, तू ही काली,
नारी शक्ति का परिचय कराने वाली ।
तू है रानी लक्ष्मीबाई, रानी चेन्नम्मा,
अंग्रेजों के छक्के छुड़ाने वाली ।
तू ही है इंदिरा गांधी , तू ही है कल्पना चावला,
अदम्य साहस दिखाने वाली ।
तू है गीता फोगाट,तू है हिमा दास,
पुरुष से कदम मिलाकर चलने वाली ।
तू ही सावित्रीबाई फुले,तू ही रमाबाई रानाडे,
नारी शिक्षा का अलख जगाने वाली ।
तू है सुनीता विलियम्स, तू है बछेंद्री पाल, दुनिया में अपना परचम लहराने वाली ।
तू ही है डॉक्टर कादंबिनी,तू ही है मदर टेरेसा,
रोगियों की सेवा करने वाली ।
तू ही लता मंगेशकर,तू ही शारदा सिन्हा,
मधुर तान में गाने वाली ।
तू है अरुणिमा सिन्हा, तू है सोनल मानसिंह,
सभी बाधाओं पर विजय पाने वाली ।
तू है कल्पना सरोज, तू है किसान चाची,
समाज को नई दिशा दिखाने वाली ।
तू ममता की मूरत है ,मां, बेटी,बहू,बनकर पूरे परिवार को जोड़ने वाली ।
अपने इन रूपों से नारी

चंदा रानी

बनाए देश को गौरवशाली ।
बनाए देश को गौरवशाली । ।

5. विश्वास

चिड़िया को है अपने पंख पर विश्वास
तभी वह उड़ता है, ऊंचाइयों का आकाश
बच्चों को है अपने मां पर विश्वास
इसलिए इनके लिए मां होती है खास
जनता को नेता पर है विश्वास
यही बनाते हैं उसे आम से खास
जब नेता तोड़ दे जनता का विश्वास
तब जनता हो जाती हैं निराश
दोस्त को है अपने दोस्ती पर विश्वास
पति को अपनी पत्नी पर विश्वास
जब करते हैं एक दूसरे पर विश्वास
तभी टिक पाते हैं यह रिश्ते खास
चांद को है अपने चांदनी पर विश्वास
सूरज को है अपने रोशनी पर विश्वास
किसान को है अपने कड़ी मेहनत पर विश्वास
लहराते फसल कराते हैं उसे खुशी का अहसास
विद्यार्थी को अपनी लगन और मेहनत पर है विश्वास
तभी वह छू सकता है अपने लक्ष्यों का आकाश
नाविक को है अपने नाव पर विश्वास
तभी पहुंच पाते हैं अपने गंतव्य के पास
देश को है अपने सैनिक पर विश्वास
वे ही हमें सुरक्षा का कराते हैं एहसास
इन सब उदाहरणों से पता है चलता

इस जीवन में सब कुछ है विश्वास
इस जीवन में है सब कुछ विश्वास ।

6. मेरा गाँव

मेरा गाँव प्यारा गाँव
सबसे सुंदर न्यारा गाँव
जहां रहते सब लोग मिलजुलकर
कभी वो लड़ते कभी वो झगड़ते
एक ही पल में मिल भी जाते
संकट में बिल्कुल ना घबराते
मेरा गांव प्यारा गाँव
सबसे सुंदर न्यारा गाँव
जहां नदी, तालाब, खेत -खलिहान
लहराते गेहूँ, सरसों और धान
मिट्टी की सौंधी खुशबु से
खुश रहता हमेशा किसान
मेरा गांव प्यारा गाँव
सबसे सुंदर न्यारा गाँव
जहाँ इठलाती,बलखाती गोरियाँ
आपस में करती अठखेलियाँ
बच्चे बाग में घुमड़-चौकड़ी करते
घूँघट में रहती दुल्हनियाँ
मेरा गांव प्यारा गाँव
सबसे सुंदर न्यारा गाँव
जहां दादा-दादी नाना-नानी
बच्चों को सुनाते कहानी
अपने अनुभव का ज्ञान देकर

सँवारते उनकी जिंदगानी
मेरा गांव प्यारा गाँव
सबसे सुंदर न्यारा गाँव
पूजा पाठ और तीज त्यौहार
मिलकर मनाते पूरा परिवार
होली में दिखता भाईचारा
ईद मुहर्रम में दिखता प्यार
मेरा गांव प्यारा गाँव
सबसे सुंदर न्यारा गाँव

7. बसंत ऋतु आई

बसंत ऋतु आई, बसंत ऋतु आई
कड़क ठंडी से हमको मुक्ति दिलाई
यह सुहावना मौसम है लायी
सबके मन को है यह भायी
कोयल की कुहू -कुहू ने
बगीचे की आकर्षण बढ़ायी
चारों ओर पीले फूलों ने
सुनहरी दुनिया है सजाई
यह मनमोहक दृश्य मन में
उल्लास और उत्साह बढ़ाएं
फूलों की अप्रतिम खुशबू
मन को रोमांचित कर जाए
नए तरीके से जीवन में
आगे बढ़ने का पाठ पढ़ाये
रंग बिरंगी तितलियों के झुंड
विविधताओं का दर्शन करवाएं
खेतों में लहलहाते गेहूँ और सरसों
ठंड में की गई मेहनत की याद दिलाएं
जिसे देखकर किसान मन ही मन
प्रफुल्लित होकर गुनगुनाए
बसंत ऋतु आई बसंत ऋतु आई
कड़क ठंडी से हमको मुक्ति दिलाई।।

8. मां

मां है पुजा मां के सिवा कोई नहीं दुजा
मां है साधना मां है वंदना।
मां अपने बच्चों के गलती को करती है माफ
क्योकी मां का दिल होते हैं साफ।
बड़े प्यार से अपने बच्चों को है पालती
कभी किसी बधा से नहीं डरती।
मां की ममता करतीं हैं विभोर
मां की ममता पर किसी का न जोर।
हर कष्ट को मां है झेलती
आपने बच्चों के लिए दुनिया से हैं लड़तीं।
हर कदम पर ओ देती है साथ
हर इक बाधा को वो देती है मात।
मां की ममता का कोई तोल नहीं
मां की दूध का कोई मोल नहीं।
बच्चों तुम ये करो स्वीकार
मां ने तुम पर न जाने किये कितने उपकार।
बच्चों तुम भी मां को हर संभव देना साथ
भूल से भी न छोड़ना कभी अपने मां का हांथ।
हर इक कष्ट को है वो छुपाती
उसके चेहरे पर कभी सिकन तक न आती।
मां की आंचल का तुम हो इक फूल
गलती से भी मां को कभी जाना नही भूल
मां को कभी न रूठने देना

मां के दिल को कभी न टुटने देना।
मां से बढ़ कर दुनिया में नहीं कोई
मां का जगह नहीं ले पाता कोई।
मां का हर संभव करना तुम सेवा
तब जाकर तुम को मिलेगा मेवा।
मां तुम को हर दम रखती है ख़ुश
मां को तुम कभी न देना दुःख।
मां तुम को नयी जीवन है देती
मां तुम को है सही ग़लत का राह दिखाती।
बच्चों को होंसला बढ़ती है मां
बड़े से बड़े मुकामों तक पहुंचाती है मां।

9. आजकल के बच्चे

आजकल के बच्चे हो रहे हैं माता पिता से दूर
क्योंकि ये लोग इनकी आदत के आगे है मजबूर
बिना कार्टून खाना न होता
हर बार नया बहाना है होता
झूठ बोलते है खिलाने को
स्पाइडर-मैन से मिलवाने को
अपनाकर नए-नए तरीकों को
उसके पेट में खाना डालने को
वह भी समझ है जाता है फिर भी
मजबूर करता नया बहाना बनाने को
वह तैयार रहता है हरदम
हमसे नया झूठ बोलवाने को
जब पूरे नहीं करते अपने वादे
समझ जाता है और आपके इरादे
उनको यह लगने है लगता
करते हैं यह झूठे वादे
उनको सत्य से परिचय ना होता
वह झूठ की ओर है बढता
जब वादा पुरा ना होता
अविश्वास का जन्म है होता
अविश्वास की बनती जमीन जो
समय के साथ में बढ़ती जाती
उसको होने लगता है एहसास

मम्मी पापा की बात है आती-जाती
इसीलिए इन बातों पर
वह नहीं करता विश्वास
तब आपको लगने लगता
बच्चा अब नहीं रहा हमारे पास
वह दूसरों से सीखने लगता
आप से थोड़ा दूर हो जाता
अपनी मनचाही करता जाता
आप रोकते तो वह चिल्लाता
आपको कुछ सम्मान ना देता
हर बात में विरोध वह करता
चाहे हो पिता या माता
इन सब की जड़ में है अविश्वास
इसको तोड़ने का करें प्रयास
उसे अपनापन का
करवाया जाए एहसास
जब वह आपसे जुड़ेगा
तब वह आप पर विश्वास करेगा
पर समस्या तो यहां है
जब विश्वास करेगा तभी तो जुड़ेगा
विश्वास पैदा करने के लिए
भावनात्मक संबंध बनाना पड़ेगा
माता पिता पर विश्वास न करता
यह सब उनको झूठा लगता
अभिभावक को चाहिए ऐसे में
वहीं बहाने बनाए जाएं
जो संभव हो सके उनसे

उनको वही बात बताई जाए
और जो वादा किया उसको
वह वादा पूरा कराए जाए
इससे बच्चों में होता है विश्वास का विकास
वह आपकी बातों पर करने लगता है विश्वास
इस प्रकार के तरीकों से
सफल होता दिखता आपका प्रयास
अब उनको एहसास है होता
मम्मी पापा सब कुछ पूरा करते हैं
इसलिए इनकी बात सत्य है
हम भी इन पर चल कर देख लेते हैं
इस प्रकार बच्चा आप के बताए रास्ते पर
चलता है और आगे बढ़ता जाता
बच्चों का यह रूप देख कर
आपको खुशी का अनुभव है होता।
आपको खुशी का अनुभव है होता।।

10. चुनावी वादे

आ गया है अब चुनाव
सब दिखा रहे हैं ख्वाब
जो पूरा न कर सके चुनावी वादे
दिखा रहे हैं अब पूरा करने के इरादे ।
सीटों के बंटवारे की लड़ाई में
घोषणा पत्र रह गई खटाई में
जनता को इसे सीरियस लेना चाहिए
घोषणा पत्र जारी न करने वालों को वोट नहीं देना चाहिए
चुनावी वादे तो एक करार होता है
जनता को जिस पर एतबार होता है
यदि जनता को भा गया यह
तभी तो इकरार होता है
और अपनी मांगों को इसमें लिखा देख
मतदान के दिन इजहार होता है
यह कभी जुमला हो जाता है
कभी-कभी यह धुंधला हो जाता है
कभी रहता है अपने रास्ते पर अडिग
कभी कभी यह नहले पर दहला हो जाता है
झूठे चुनावी वादे करके जीत जाते हैं चुनाव
फिर पाँच वर्ष नहीं दिखते ये महानुभाव
आज फिर पुराने वादे लेकर
वापस आए हैं यह लोग गांव
इस बार की बात अलग है

कोरोना के कारण लोग सजग हैं
नेताजी को डर सता रहा
क्या चुनेगी जनता हमें दोबारा ।

11. छठ पर्व

देखो देखो छठ पर्व है आया
भाईचारा का संदेश है लाया
सबके मन में उत्साह जगाया
मनमोहक छठ घाट है सजाया
        छठ पर्व मनाने दूर शहर से
        प्रवासी गाँव लौट कर आया
        नदी ,नहर ,समुद्र किनारे
        मिलजुल कर छठ घाट है बनाया
संध्या का अर्घ्य सूर्यास्त को देते
सुबह का अर्घ्य सूर्योदय को देते
सूर्य देवता को अर्घ्य देने
सब लोग घाट पर आए
        अपने-अपने मन्नत मांगने को
        छठ का डाला है सजाया
        ठेकुआ,कसार, नारियल चढ़ाया
        सबके जीवन में खुशियाँ लाया
साफ सफाई है चारों ओर
चार दिन का तप है कठोर
छठ गीत गूंजे चारो ओर
हृदय को देता झकझोर
        आस्था और पवित्रता का संगम है
        एक दूसरे से जुड़ाव का माध्यम है
        परिवार को एक सूत्र में

चंदा रानी

बांध कर रखने का यह बंधन है
देखो देखो छठ पर्व है आया
सबके जीवन में खुशियाँ लाया ॥

www.ingramcontent.com/pod-product-compliance
Lightning Source LLC
LaVergne TN
LVHW041717060526
838201LV00043B/794